LE RENARD ET L'ENFANT

d'après le film de Luc Jacquet

Le Renard et l'Enfant

LE RENARD ET L'ENFANT

d'après le film de Luc Jacquet

HACHETTE
Jeunesse

« L'été touchait à sa fin. Je me souviens, c'était le matin de la rentrée des classes...

Comme je n'étais pas vraiment pressée d'arriver à l'école, j'avais décidé, ce jour-là, de faire un petit détour en passant par la forêt. J'étais fascinée par la magie de ce lieu. J'aimais les couleurs changeantes des feuillages au fil des saisons, l'odeur des sous-bois après la pluie, et toutes les rencontres — lapins, chevreuils, genettes — que l'on pouvait y faire.

Ce matin-là, j'arrivais en vue d'un vieux hêtre quand un campagnol pourchassé par une flèche rousse passa soudain devant moi. Un renard ! L'animal le plus incroyable de ce royaume ! Ravie, je descendis immédiatement de mon vélo pour l'approcher et l'appelai doucement : « Renard, renard... », la main tendue pour le caresser. Il tourna la tête vers moi — le feu brillait dans son regard — pencha sa tête sur le côté et tout à coup, disparut dans les broussailles. Quelle déception ! Pourquoi avait-il fui ? Je ne lui voulais aucun mal, je voulais juste le caresser !

Ce jour-là, mon cœur de petite fille décida de s'en faire un ami.

Tout l'automne, je revins au pied du hêtre pour fouiller les sous-bois et tenter de le retrouver. Hélas en vain...

Puis, avec les premières neiges, des empreintes apparurent sur le sol. Et grâce à la chanson de mon grand-père, je pus les reconnaître :

Patte à pattes et pas à pas,
Qui donc est passé par là ?
Patte à pattes et pas à pas,
Mon p'tit doigt me le dira

Dans la neige et dans le froid,
Le renard file tout droit
Grosses paluches, griffes au bout,
Cachons nous car c'est le loup !

Trois brindilles pour l'oiseau,
C'est la trace du corbeau
Le sanglier sans chaussettes
A creusé quatre fossettes !

Patatras sur le chemin,
Le lapin saute à pieds joints,
Le hérisson qui pic pique
Croise les mains, c'est un tic !

Une piste courbe et fine,
C'est la valse de l'hermine,
Deux semelles deux talons,
Là, c'est toi qui tournes en rond !

Je pus alors voir que des lapins, des sangliers, des cerfs étaient passés par le hêtre, mais de renard… Point !

En revanche, des loups, ça oui ! Affolée par cette découverte, ni une, ni deux, je dévalai la montagne à toutes jambes ! Mais mon pied glissa, et je tombai sous un sapin. J'étais blessée et ne pouvais plus me relever.

Quelle malchance ! Ma jambe était cassée, et le reste de l'hiver, je dus le passer dans un fauteuil derrière ma fenêtre, à contempler la forêt enneigée.

Pour passer le temps, tous les soirs, je dévorais des livres sur le monde sauvage et rêvais à mon renard, que j'avais baptisé Titou. Pour le peuple de la forêt, l'hiver était la saison la plus dangereuse. Comment allait-il se nourrir dans la neige ? Il aurait beau gratter le sol, ses griffes ne parviendraient pas à arracher la terre gelée. Les campagnols étaient bien à l'abri dans leurs galeries, ils n'avaient pas besoin de sortir de chez eux pour se nourrir, alors que la robe rousse de Titou faisait de lui une proie facile !

Titou devra être aux aguets car le lynx rôde. D'ailleurs, ses yeux jaunes ont repéré le renard. D'un bond, il est sur lui. Heureusement, Titou a senti sa présence et s'est enfui. Mais la neige rend sa course difficile, alors que le lynx, plus haut sur pattes, est plus rapide sur ce terrain. Titou se glisse sous des branches basses, mais il est toujours poursuivi ! Il doit zigzaguer, feinter, retrouver son terrier au plus vite ! Mais même là, il n'est pas à l'abri. Le lynx gratte pour élargir l'entrée. Il n'y parvient pas, mais il attend que la faim tenaille le renard et le décide à sortir de son trou.

Titou survivra-t-il à l'hiver ?

Une nuit, un cri monta de la forêt : « YOUYOUYOU ». Un renard ! Était-ce Titou ? J'ouvris la fenêtre. D'autres cris suivirent, auxquels je mêlai le son de ma voix. Les renards s'appelaient, la parade des amours commençait sous la pleine lune. Tous allaient sortir à la recherche d'un compagnon ou d'une compagne. Les couples allaient se former, alternant fausses bagarres, fuites, danses et soumissions, jusqu'à ce que la femelle se couche et que le mâle lui lèche délicatement le museau avant de s'accoupler.

À la fin de l'hiver, je m'entraînais à marcher lorsqu'un coup de fusil me fit sursauter. Les chasseurs étaient dans la forêt ! Ils cherchaient les renards pour leur fourrure et parce qu'ils leur volaient du gibier. Ils avaient une méthode efficace : ils les appâtaient avec de la nourriture empoisonnée, et si le poison ne suffisait pas, ils attendaient tapis dans un sous-bois, armés d'un fusil.

Je tremblais de ne jamais revoir Titou. Cependant, je voulais croire qu'il leur avait échappé.

Quand le printemps s'éveilla, ma jambe était enfin guérie. Armée de ma besace et de mon nouveau savoir sur la vie de la forêt, je filai explorer les Lauzières, une zone où mon grand-père avait toujours observé des familles de renards. Dans une souche, je découvris un terrier qui ne sentait pas très bon, signe qu'il était habité. Bien sûr, j'étais trop grande pour m'y glisser et savoir ce qu'il y avait dedans. Alors, je me contentai d'appeler mon renard et d'attendre... d'attendre ! Puis, un jour, mon renard sortit enfin du trou, avec un petit dans la gueule. Ça alors ! Titou était une renarde, et j'allais la perdre parce que j'avais commis la bêtise de m'approcher trop près de son terrier ! J'eus beau courir derrière elle, elle me sema !

J'étais déçue, mais il en fallait plus pour me décourager ; et sachant que les renards font toujours les mêmes trajets, je décidai de me poster là où j'avais vu Titou pour la première fois. À l'aide d'une échelle de bois, je m'installai dans le grand hêtre d'où j'embrassais du regard toute la forêt. Là, j'appris deux choses : la patience et l'art de bien regarder où l'on s'assoit, car j'eus les fesses piquées par les fourmis cinq jours durant !

À force de guetter ma renarde, les ombres des rochers et des souches prenaient sa forme et je croyais la voir partout ! Peu à peu, j'appris à lire les signes du monde sauvage qui m'étaient étrangers. Un craquement de broussailles, et j'identifiais un lièvre ou un mulot ; un chant d'oiseau, je reconnaissais un merle ou un rouge-gorge ; une écorce rongée, un chevreuil ou un cerf. Je m'étais fondue dans la nature, où je faisais des rencontres extraordinaires : une fois, un ours passa à un mètre de moi à peine.

J'étais à l'écoute de ce royaume merveilleux. Le bruissement du vent qui soufflait dans les branches était un langage que je comprenais.

Avant de m'endormir dans les bras de mes amis les arbres, devenus guerriers, monstres ou grands princes, je leur demandais de veiller pour moi et de me prévenir lorsqu'ils verraient Titou, car elle demeurait absente, et j'ignorais comment la retrouver.

Un hérisson qui m'avait dérobé mon sandwich me donna la solution : j'allais appâter ma renarde ! Comme le Petit Poucet, je semai de petits bouts de jambon autour du hêtre et me cachai. Soudain, j'entendis du bruit : le hérisson volait un morceau. Je lui lançai des brindilles pour le faire fuir, mais il était décidé à nettoyer la place. J'allais descendre de mon poste, quand un museau pointu attira mon attention : Titou ! Elle mangeait le jambon et passait d'un morceau à l'autre, jusqu'à se retrouver nez à nez avec le voleur. D'un coup de patte, elle voulut l'éloigner, mais il se mit en boule et elle se piqua. J'étais si heureuse de la voir que j'éclatai de rire. Elle leva alors la tête et me vit. De peur qu'elle ne s'enfuît, je lâchai un nouveau morceau qui tomba sur le sol, mais elle disparut dans les broussailles.

Les semaines suivantes, je répétai mon stratagème avec succès : un seul mètre nous séparait maintenant l'une de l'autre. Parfois, pourtant, ma renarde n'était pas au rendez-vous, et je brûlais de savoir où elle habitait. J'eus alors une idée...

J'accrochai une ficelle autour d'une cuisse de poulet que Titou prit dans sa gueule. Ainsi, il ne me restait qu'à suivre le fil jusqu'à son terrier, en le rembobinant de temps à autre pour qu'elle n'ait pas le temps de manger la cuisse avant de disparaître.

Au bout de dix minutes de jeu, mon fil rencontra une vive résistance. Je touchais enfin au but ! Je traversai une mer de fougères, m'extirpai d'un buisson de ronces, quand je découvris la ficelle entortillée autour d'un tronc d'arbre et la cuisse de poulet, envolée ! Titou s'était jouée de moi, j'étais dépitée !

Quand la forêt fut en fleurs, Titou s'était enfin habituée à ma présence. Je nourrissais toujours le rêve de la caresser. Un jour qu'elle était près d'un précipice, j'approchai ma main de sa toison rousse. Jamais je n'avais été aussi près de la toucher, mais elle bondit au-dessus de la faille. Dans le pacte passé avec mes parents, cette faille marquait la fin du territoire que je pouvais explorer. J'essayai de retenir Titou en poussant des « YOUYOUYOU », mais elle continua. Tant pis ! Je pris alors mon élan et franchis les deux mètres qui me séparaient d'elle, au risque de tomber dans le torrent qui grondait sous moi.

Je retrouvai Titou près d'une cascade où elle jouait à attraper des grenouilles. Je l'imitais quand tout à coup, j'entendis un « plouf ! » : Titou avait glissé et était tombée à l'eau ! Comme je riais de sa mésaventure, elle disparut sans me jeter un regard. Je l'avais vexée...

Pour réussir à la caresser, je dus m'armer de beaucoup de patience !

Titou m'avait laissée la suivre jusqu'à l'entrée d'une grotte, dans laquelle nous nous enfonçâmes par un boyau obscur. J'avançais péniblement en m'éclairant grâce à ma lampe torche. Si je la perdais de vue, je n'avais qu'à l'appeler et elle me répondait par un jappement. Nous arrivâmes enfin jusqu'à une grande salle remplie de stalactites et de stalagmites, sans doute l'un de ses repaires. Titou semblait très calme. Comme elle s'était couchée près de moi, j'essayai de la caresser. Mais à nouveau, elle m'échappa. Elle se faufila dans une étroite galerie au sol d'argile, où je m'engageai à mon tour et la perdis. La lumière de ma lampe déclinait de plus en plus et je devais m'orienter en écoutant attentivement le cliquetis des griffes de Titou sur la pierre. Enfin, j'entrai dans une grotte ouverte sur le ciel étoilé. Au loin, l'orage grondait, et je compris que Titou m'avait emmenée là pour me mettre à l'abri ! Quelle délicate attention ! Malheureusement, ce délicieux moment tourna ensuite au cauchemar quand il fut temps de partir. En avançant vers la sortie, mon pied rencontra le vide et m'entraîna dans une chute mémorable...

Je roulai comme une balle et atterris dans un buisson ! J'avais des bleus, j'avais perdu ma lampe et surtout, perdu mon amie ! Je l'appelai, j'entendis son jappement, très loin. Je partis dans sa direction, mais j'étais si fatiguée que je me laissai tomber dans une clairière. Je tentai d'allumer un feu avec ma boîte d'allumettes – en vain, car les brindilles étaient trop humides. Un animal frôla soudain ma main, et je me mis à hurler. Des bruits de succion et des cris montaient de partout autour de moi, des pas approchaient... Terrorisée, je me bouchai les oreilles pour ne plus rien entendre !

Quand la lune apparut, je vis des genettes, un sanglier dans la boue et un grand cerf me toiser de toute sa hauteur avant de reprendre sa route. Les petits-ducs, les crapauds, les grillons..., la forêt entière chantait ! À côté de moi, la lumière d'un ver luisant me rassura. Je le pris dans ma main et m'endormis tandis qu'il veillait sur moi.

Une coccinelle posée sur mes cheveux me réveilla. Autour de moi, le contenu de ma besace était éparpillé, et la responsable de ce désordre était Titou, endormie tout près. Je sens encore le frisson qui la parcourut quand je posai ma main sur sa tête. Elle bougea ses oreilles et me lécha le bout des doigts. Pour la première fois, elle me laissa caresser sa douce fourrure sans s'enfuir. Pourquoi m'avait-elle acceptée ce matin-là ? Je l'ignore. Peut-être que la nuit dans la forêt avait effacé mon odeur d'humain.

Soudain, elle se leva et disparut sans raison. En entendant bientôt des jappements de chiens et des appels, je compris qu'on était à ma recherche. Quand je retrouvai mes parents, j'eus beau jouer les enfants perdus, jamais je ne les avais vus aussi en colère. Je dus rester deux semaines à la maison ! Les deux plus longues semaines de ma vie, passées à attendre de retrouver Titou et à l'imaginer réclamer elle aussi ma présence !

Le premier jour de l'été, je retrouvai enfin ma liberté. Mais au pied du grand hêtre, personne ne m'attendait ! Je pris le sifflet que j'avais fabriqué. Le vent emporta ma mélodie. Soudain, au loin, un cri de renard retentit. J'appelai alors : « YOUYOUYOU ». Une flèche rousse fonça sur moi, rampa à mes pieds et lécha mes mains. À partir de ce moment, nous ne nous sommes plus quittées ! Et nous en avons vécu de belles !

Un jour, j'imitai ses oreilles en forme de cône en faisant un cornet avec mes mains. Tandis que je découvrais un panorama sonore où chaque son était précis, je me tournai vers elle pour lui faire part de mon enthousiasme. Mais soudain, elle décampa comme si elle avait le diable à ses trousses. J'essayai de la suivre, mais la perdis.

Tout à coup, j'entendis les hurlements d'une meute !

Les loups ! J'étais terrorisée ! Les croyant après moi, je courus en tous sens. Je me réfugiai dans un sapin. De là-haut, j'eus une vision d'horreur : Titou se tenait sur un arbre mort, cernée par la meute. Je devais lui venir en aide malgré ma peur. Je sautai à terre, me saisis d'une pierre et d'un bâton, mais un loup blanc vint dans ma direction. Je me cachai, fermai les yeux et cessai de respirer. Le loup retourna près du tronc que les autres attaquaient et menaçaient de faire tomber. Je pris le sac de mon sandwich dans ma besace et le fis éclater, espérant qu'il fasse le bruit d'un coup de fusil. Titou en profita pour s'enfuir. Tous les loups vinrent alors vers moi. Nous étions face à face. Soudain, ma peur se libéra : je poussai un grand cri et fonçai sur eux en agitant les bras. Les loups déguerpirent ! Je me souviens les avoir poursuivis jusqu'à ce que je réalise mon exploit. Alors, je me laissai tomber sur le sol, en état de choc.

En sauvant Titou, j'avais gagné sa confiance. Elle me présenta ses renardeaux. Ils étaient moins timides que leur mère, et me suivaient au son de mon sifflet.

Un jour que je jouais avec l'un d'eux, une ombre passa au-dessus de nous. C'était un aigle gigantesque, et il était en chasse ! Je courus vers le renardeau, car le rapace fondait sur lui à une vitesse incroyable ! Je bondis en avant, me plaquai au sol en le serrant contre moi. Les serres de l'aigle frôlèrent mon dos, mais je ne relâchai pas mon étreinte. L'oiseau repassa une seconde fois puis repartit dans le ciel.

Je serrai le renardeau contre ma poitrine. Nos cœurs battaient à toute allure. Jamais je n'ai ressenti une telle sensation de force vitale qu'en cet instant. Sa vie et la mienne étaient identiques, et alors qu'il cherchait à se dégager de mes bras, je sentis combien nous étions animés par un irrépressible besoin d'absolue liberté.

Titou m'avait montré sa maison, elle m'avait confié ce qu'elle avait de plus précieux, je faisais partie de sa vie. J'aimais être avec elle, j'aimais nos courses folles, ses beaux yeux jaunes qui posaient des questions, et je ne supportais plus qu'elle m'échappe. Je voulais la protéger de l'hiver et de ses prédateurs, je voulais que nous soyons unies et que plus jamais nous n'ayons à vivre l'une sans l'autre. Ainsi, je décidai de lui montrer ma maison. Elle me suivit au bord de la falaise, tourna ses oreilles vers la vallée et écouta les bruits de ce nouveau monde : le sifflement de la bouilloire sur le feu, la télévision, la voiture de mon père sur le chemin, notre chien aboyant pour lui faire la fête. Au crépuscule, comme je lui disais que je devais partir, elle me lécha les oreilles. Était-ce le signe que son désir et le mien étaient identiques ? Toujours est-il que ce soir-là, je pris la décision d'abolir les barrières entre nos deux mondes.

À la fin de l'été, Titou commençait à s'aventurer progressivement hors de la forêt et surgissait des hautes herbes derrière la maison. Je pensais le moment arrivé. Un matin, à l'aide de branches, je dessinai ma maison sur le sol d'une clairière de charbonniers. Je lui montrai les murs, les pièces, les fenêtres et l'appelai pour la faire rentrer par la porte. Elle me tourna le dos. J'attachai alors un joli foulard autour de son cou, une ficelle autour du foulard, et je tirai pour la faire entrer chez nous, dans cette maison imaginaire.

Titou se débattait. Je lui ordonnai de se calmer, mais elle ne m'écoutait pas. Elle tirait sur la ficelle, la mordait. Jamais je ne lui avais vu cette force ! Elle me fit peur. Quand la ficelle céda, je hurlai : « Si tu ne reviens pas tout de suite, tu n'es plus mon amie ! » Mais ma renarde avait disparu dans la forêt en ignorant ma colère.

Le lendemain, j'étais dans ma chambre, très vexée. Je jouais de mon sifflet en regardant la montagne, quand je vis une flamme rouge foncer vers la maison. Je courus ouvrir la porte. J'avais eu si peur que Titou ne veuille plus jamais me voir ! Mais elle était là, avec mon foulard autour du cou. Elle me suivit timidement jusqu'à ma chambre, renifla mes affaires, puis retourna vers la porte, que j'avais fermée. Elle humait l'air, grattait pour sortir, mais je n'ouvris pas. Je voulais lui faire comprendre qu'elle n'avait rien à craindre. Voyant la nature derrière la fenêtre, elle délaissa la porte et devint soudain nerveuse. Je criai pour qu'elle se calme et comme elle renversait tout sur son passage, je saisis son foulard. Elle me mordit. J'étais terrorisée et, recroquevillée dans un coin, j'assistai au spectacle de Titou qui se jetait tête la première contre la fenêtre pour sortir. Je l'implorai de s'arrêter, mais elle recommença jusqu'à ce que la vitre explose. Alors, Titou disparut dans les airs.

Je me ruai en bas. Titou gisait sur le sol. Elle était inanimée, du sang coulait le long de sa tête.

J'étais anéantie. Je la pris délicatement dans mes bras, la posai contre mon épaule et partis dans la forêt la déposer devant son terrier. Je la suppliai de se réveiller. Elle ne pouvait pas me laisser seule. Comment allais-je vivre sans elle ?

Je lui promis de ne plus jamais la forcer à faire quelque chose qu'elle ne voulait pas, mais ma voix ne la ranimait pas. Elle suffisait juste à faire sortir les renardeaux de leur trou. Je me souviens qu'ils léchaient leur mère pour la réveiller, en vain.

Je pleurai de plus belle. Persuadée qu'il n'y avait plus d'espoir de ramener Titou à la vie, je détachai mon foulard de son cou et partis sans me retourner.

En arrivant dans la prairie, quelle ne fut pas ma peine de voir les renardeaux surgir des hautes herbes et se précipiter vers moi. Ils m'avaient donc suivie, moi qui étais responsable de la mort de leur mère !

Profondément triste, je ne pouvais m'arrêter de pleurer, quand je crus reconnaître au loin une silhouette familière. Se pouvait-il que ce soit Titou ? Je n'osais y croire. Pourtant, c'était bien elle. Elle était vivante ! Je me frayai tant bien que mal un chemin à travers les éboulis de pierre pour la rejoindre sur la colline. Là, j'approchai ma main pour la caresser, mais elle refusa de se laisser faire et s'enfuit.

Il me fallut du temps pour comprendre la réaction de Titou : j'avais confondu aimer et posséder, j'avais mis sa vie en péril. Il me fallait la laisser retourner au monde sauvage auquel elle appartenait.

Jusqu'à la fin de l'été, je revis souvent Titou. Parfois, elle répondait à mon appel, parfois elle faisait la sourde oreille. Et puis, un jour, plus rien. Je l'ai attendue, je l'ai cherchée, mais je ne l'ai plus jamais revue.

Je savais au fond de moi qu'elle avait tout simplement choisi sa liberté.

BONNE PIOCHE
présente :

LE RENARD ET L'ENFANT

un film de Luc Jacquet

Interprété par Bertille Noël-Bruneau
Une histoire racontée par Isabelle Carré

Produit par Yves Darondeau - Christophe Lioud - Emmanuel Priou

Histoire originale : Luc Jacquet
Scénario et adaptation : Luc Jacquet - Eric Rognard

Photographies : Eric Caro - Pascal Chantier

Une production
Bonne Pioche Productions - France 3 Cinéma

Avec la participation de Canal +
En association avec Wild Bunch
Avec le soutien du Conseil Général de l'Ain

Distribution France : The Walt Disney Studios Motion Pictures France
Distribution internationale : Wild Bunch

Bande originale du film disponible chez V2 Music
Auteurs de la comptine : Alice Lewis - Valérie Vivancos - Luc Jacquet

Photos : Eric Caro (couverture et pp. 4-5 ; 6 ; 7 ; 8 ; 9 ; 12 ; 13 ; 22-23 ; 28-29 ; 30-31 ; 34-35 ; 44-45 ; 46-47) – Pascal Chantier (pp. 14-15 ; 16-17 ; 18 ; 19 ; 20 ; 21 ; 24 ; 25 ; 26-27 ; 32 ; 33 ; 36 ; 37 ; 38 ; 39 ; 40 ; 41 42-43)
Rédacteur : Emmanuelle Advenier
Conception graphique : Caroline Rimbault

ISBN : 978-2-01-226040-5
Dépôt légal : novembre 2007 - édition 1
Loi n° 49-956 du 16 juillet 1949 sur les publications destinées à la jeunesse.
Imprimé par Deaprinting en Italie